QUESTION

DE

SIMPLE BON SENS

———

QUEL PEUT ÊTRE

LE

GOUVERNEMENT DE LA FRANCE ?

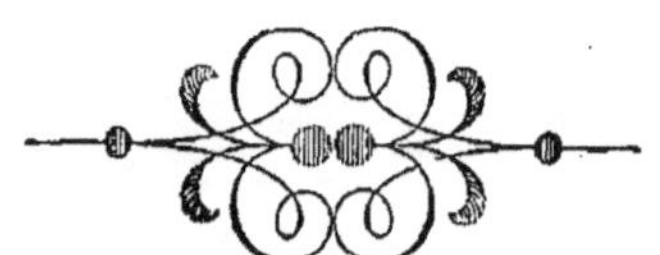

CHAMBÉRY

IMPRIMERIE DE F. PUTHOD, RUE DU VERNEY

———

PERRIN, LIBRAIRE-ÉDITEUR

—

1874

AMI LECTEUR

Il y a quinze ans, je n'étais pas français, et je le suis maintenant de cœur et d'âme. Sans avoir eu pour l'Empire une grande admiration, je n'ai jamais désiré sa chute et je n'étais pas de ceux qui applaudissaient au Quatre-Septembre. J'ai cru, pendant trois mois, à la République et j'ai presque eu foi dans M. Gambetta.

Mes aïeux n'ont jamais approché des palais, excepté peut-être en qualité d'ouvriers employés à leur construction. Je suis le dixième enfant d'un honnête homme qui a élevé sa famille à la sueur de son front, et je nourris mes enfants, déjà bien nombreux, avec le produit de ma journée. J'appartiens au commun du peuple, n'attendant rien que de mon travail, ne demandant à Dieu que la santé pour moi et pour les miens; il y a sous mon toit plus ou moins de bien-être, suivant que les affaires publiques marchent plus ou moins mal.

Ce que tu vas lire est le résultat de mes réflexions du jour et a été écrit pendant une heure prise sur mon sommeil. Lis ces quelques pages comme je les ai écrites, avec calme et bonne foi, je ne t'en demande pas davantage.

Chambéry, le 29 avril 1874.

QUESTION DE SIMPLE BON SENS

QUEL PEUT ÊTRE LE GOUVERNEMENT DE LA FRANCE?

Depuis trois ans, la France est appelée à choisir le gouvernement sous lequel elle doit vivre, et ce choix, qui décidera du bonheur ou du malheur de son avenir, n'est point encore fait. La France est toujours incertaine, elle semble redouter de prendre un parti; aussi, confiante dans une loyale et vaillante épée, elle a remis à sept ans l'échéance fatale où elle se prononcera définitivement. Le moment de la décision arrivera néanmoins, et il peut se présenter avant l'époque fixée; il importe donc de se recueillir, de mettre de côté tout préjugé, tout esprit de parti, toute passion personnelle, pour pouvoir examiner cette question de vie ou de mort avec toute la sévérité qu'elle demande.

L'alternative est placée entre la Monarchie et la République.

Si l'on examine la question au point de vue de la théorie pure et de l'idéal, l'avantage semble rester à la République; aussi la jeunesse, âge où l'imagination est dominante et qui n'a pas encore subi la dure expérience de la vie, est naturellement portée vers cette forme de gouvernement. Tout cœur de vingt ans est républicain, a-t-on dit avec justesse; quoi de plus naturel!

Une bonne république, c'est l'idéal d'un gouvernement parfait : les citoyens se gouvernent eux-mêmes, ils nomment pour cela les meilleurs, les plus capables, les plus honnêtes d'entre eux; il n'y a pas de brigues, de cabales, d'esprit de coterie; les suffrages du peuple, qui ne se trompe pas et se laisse guider par le bon sens et la justice, se portent naturellement sur les plus dignes ; plus de favoris, plus d'emplois donnés à la faveur, plus de gaspillage des deniers publics, plus de gros traitements, plus de listes civiles; les guerres et les révolutions sont impossibles, parce qu'il n'y a plus d'esprit de conquête et que le suffrage populaire, en changeant les gouvernants qui n'obéissent pas au vœu de la nation, enlève tout prétexte aux agitateurs; les mœurs, l'ordre, l'autorité, la religion, sont respectés, parce que tout le monde sent bien que c'est la base nécessaire de toute société, surtout d'une société libre comme un État républicain. La nation pourvue de cette admirable forme de gouvernement marche donc sans secousse vers le progrès, c'est-à-dire, vers l'amélioration du sort du plus grand nombre, but et idéal de toute société ici-bas.

Voilà la théorie: elle est séduisante et je comprends qu'elle en ait attiré plusieurs.

Mais celui qui se guiderait d'après cette idée préconçue, commettrait la même faute qu'un médecin ordonnant le même régime à tous ses malades, sans avoir étudié les conditions spéciales de leur organisation; qu'un architecte élevant une construction, sans se préoccuper du sous-sol; qu'un agriculteur plantant indifféremment de la vigne ou du chanvre, sans tenir compte de la nature du terrain et de son exposition.

*
* *

Il faut, pour déterminer avec sagacité le genre de gouvernement qui convient à un pays, suivre la méthode qu'emploie un médecin judicieux pour traiter le malade confié à ses soins; tenir compte, dans une certaine mesure, de ses goûts et de ses penchants personnels, mais examiner surtout avec soin les indications que présentent son âge, son tempérament, ses habitudes acquises, le fonctionnement de ses organes et ses maladies antérieures. Pour un pays, il faut, sans aucun doute, étudier l'état de l'opinion publique et le mettre dans la balance; mais il faut se souvenir aussi que l'opinion est, de sa nature, chose flottante et changeante, et fonder un gouvernement sur cette seule donnée, ce serait, comme on dit, bâtir sur le sable. Il faut, par-dessus tout, examiner à fond les mœurs et les habitudes de ce peuple, apprécier le caractère national, soit la disposition d'esprit habituelle du plus grand nombre et connaître sa vie et ses maladies antérieures, c'est-à-dire son histoire et ses révolutions.

Je le répète, il faut voir, non ce que l'on désire, mais *ce qui est*, et ne pas imiter cet illustre professeur de faculté, qui, voulant trouver partout une maladie d'estomac, appuyait de sa robuste main sur l'épigastre du malade jusqu'à ce que celui-ci criât grâce, et se tournait ensuite vers ses auditeurs en disant : « Vous voyez, mes chers élèves. » Tâchons de nous mettre dans les meilleures conditions d'impartialité possible ; examinons avec soin, nous conclurons ensuite.

Le Caractère, les Mœurs du Peuple français, et la République.

En France, on n'aime pas à s'occuper des affaires publiques d'une façon sérieuse et soutenue, c'est une affaire de mode et d'engouement, qui vient vite et passe encore plus vite ; sous ce rapport-là, nos mœurs sont totalement différentes de celles des Anglais, qui font des affaires du pays leur affaire propre, les traitent d'une manière pratique, poursuivent une réforme pendant vingt ans avec persévérance, ne songent jamais à l'hypothèse d'une révolution, et, cependant, n'ont jamais eu l'idée de constituer leur pays en république. Trouve-t-on cela chez nous ? A part quelques gens dévoués, rares, très rares, qui s'en mêlent à contre-cœur et au milieu de la désapprobation générale, quelques oisifs vaniteux, qui espèrent acquérir par ce moyen une notoriété qu'ils seraient incapables d'avoir autrement, quelques ambitieux qui s'en font un marche-pied pour arriver aux places et aux dignités, la masse de la nation est complètement indifférente et inerte. Que voyons-nous maintenant? D'un côté, trois ou quatre conservateurs par département, qui luttent à moitié découragés et sont tous monarchistes, et de l'autre, des agitateurs de toute nature, poussant en aveugles ou en coupables à la révolution perpétuelle. Existe-t-il un parti conservateur-républicain pour servir de contre-poids? Oui, il existe, à ce que prétendent de fort honnêtes gens qui en font partie, mais ils n'ont ni réunions, ni journaux, ni comité, ni moyens d'action, ni influence quelconque. Ils répètent tous les jours : Si le parti conservateur-républicain se levait, la patrie serait sauvée, mais le parti conservateur-républicain ne se lève pas et la France va à la dérive.

Un trait caractéristique de nos mœurs intimes, qu'il faut noter en passant : le premier soin d'un père de famille précautionneux est de défendre à ses enfants de se mêler de la politique. Celui, du reste, qui s'en occupe d'une manière active est blâmé par ses amis, mal noté dans l'opinion, et accusé bientôt de négliger sa profession et d'être mal dans ses affaires.

Il me parait difficile, avec ces mœurs publiques, de constituer un gouvernement dont la bonté et la solidité dépendent exclusivement du soin qu'y mettront les citoyens eux-mêmes.

*
* *

Un côté saillant du caractère français, c'est la mobilité ; nous nous passionnons pour une idée ou pour un homme : pendant huit jours, cette idée doit faire le bonheur du pays, cet homme est un héros doué de toutes les qualités ; la semaine se passe, on ne s'occupe ni de l'idée, ni de l'homme ; quelques jours encore, on tournera la fameuse idée en ridicule, et le héros ne sera plus qu'un traitre ou un imbécile.

En avons-nous vu passer de ces hommes dont le nom était, pendant un jour, dans toutes les bouches et qui étaient complètement oubliés le lendemain? Et les réformes urgentes, les programmes pleins de promesses, les formules politiques répétées à satiété dans tous les journaux, thème obligé de toutes les conversations. Autant en emporte le vent, disait-on autrefois. Le fait est qu'avec un mot sonore, une phrase ronflante, une idée à la mode, on fait tourner nos têtes françaises comme une toupie. Quand un *Ohé Lambert!* fait dans un mois son tour de France, c'est simplement ridicule; mais quand on fait une élection sous l'empire de l'idée du moment, et que le peuple souverain prend pour son représentant le premier venu, parfaitement inconnu du reste, parce qu'il est à la mode du jour, c'est grave, très grave ; car cet individu, choisi à l'aveugle et avec la furie française, va devenir notre gouvernement.

La mobilité inhérente à la race française est un fait si universellement reconnu que certains philosophes en ont tiré un argument en faveur de là République et ont avancé qu'à une nation aussi variable il fallait un gouvernement pouvant suivre toutes les variations de l'opinion populaire et changer du jour au lendemain, au gré de la foule.

C'est absurde. La mobilité française nous donnerait certainement des changements perpétuels, mais ces changements perpétuels, qui l'ignore? c'est le désordre et la ruine. C'est, du moins, ce que nous apprend l'expérience constante des siècles, non-seulement pour la politique, mais pour toute espèce de travail ou d'entreprise, non-seulement pour une nation, mais encore pour toute famille et tout individu. Vouloir donner à un peuple changeant des institutions changeantes, c'est exciter un défaut au lieu de le combattre, surchauffer une machine désordonnée au lieu de lui donner un régulateur, et vouloir guérir un ivrogne en lui fournissant de l'eau-de-vie à profusion.

Le simple bon sens conseille, au contraire, quand le défaut est inguérissable, — et c'est le cas quand il s'agit d'un peuple déjà vieux, — de chercher à le neutraliser en lui donnant un correctif par des institutions appropriées.

Il est donc de toute nécessité de recourir à un système de gouvernement dont la stabilité soit une condition essentielle, qui ne puisse pas disparaître tout entier, d'un moment à l'autre, au gré des émotions populaires et qui, par sa position inattaquable au-dessus des partis et des fluctuations de

l’opinion, soit une sauvegarde pour la nation contre
ses propres entraînements.

*
* *

Nous avons constaté que le peuple français était
doué d’une indifférence spéciale pour les affaires
publiques, qu’il ne s’en mêlait jamais d’une manière
active et suivie et qu’il était, en outre, d’une mobilité excessive. Continuons notre étude en observant
le peuple français comme on observe un objet d’histoire naturelle, froidement et scientifiquement.

Outre ces deux caractères d’indifférence habituelle et de mobilité irréfléchie, notre nation possède encore une disposition d’esprit particulière,
qui joue un grand rôle dans ses révolutions intérieures. Elle aime toujours à personnifier ses aspirations et sa passion du moment dans un individu
qui devient en quelque sorte le porte-drapeau de
ses aspirations et le représentant de sa passion.
Elle le choisit entre tous avec la fougue qui caractérise notre race, s’infatue de lui, ne voit, n’entend
que lui, et du jour au lendemain se trouve toute
disposée à lui confier entièrement la direction de
ses destinées.

L’indifférence politique du grand nombre, le dé-
goût, la lassitude des opposants bientôt isolés,
facilitent ce mouvement, et le pays est bientôt à la
merci du grand homme du jour, devenu tout-puissant. Cet homme est-il bon, est-il mauvais, est-il
capable? L’avenir l’apprendra; en attendant, il est
tout-puissant.

Il est vrai que la mobilité du peuple le désenchante bien vite de son idole ; mais, tant qu'une révolution intérieure, une guerre, un accident ordinaire de la vie, n'enlèvent pas brusquement le héros, ce dernier peut tout et sa volonté fait loi.

Étudiez successivement les annales de nos dernières révolutions : chacune d'elles peut se résumer dans un homme devenu, en fait, maitre absolu, ou pouvant l'être, commandant en chef à la foule, certain d'être obéi, Lafayette, Robespierre, Bonaparte, Lamartine, Napoléon III, M. Gambetta, M. Thiers. Tous ces hommes-là ont eu la faveur populaire ; ils ne se sont pas fait tous décerner le pouvoir par un plébiscite, mais tous l'auraient pu à leur moment. Et, chose triste à dire, mais qu'il faut savoir avouer, plus cet homme montrera d'audace brutale, plus il témoignera de dédain pour la légalité, s'il sait flatter la passion du moment, plus il excitera d'enthousiasme, moins il rencontrera d'opposants.

*
* *

Les assemblées des représentants, qui sont, dans une république bien ordonnée, le véritable gouvernement du pays, sont, en France, toujours impopulaires. Le peuple ne les aime pas, il les renie à peine nommées, les ridiculise, se met en insurrection contre elles, ou demande à grands cris leur dissolution. C'est avec l'appui de l'opinion publique que le peuple de Paris s'insurgeait contre la Convention au 31 mai ; c'est aux applaudissements de la France entière que Bonaparte chassait avec la baïonnette de ses soldats le Conseil des Cinq-Cents et celui des Anciens. L'insurrection du 24 février disperse la Chambre des députés, et le peuple crie bravo. Le même peuple demande la dissolution de l'Assemblée constituante, si républicaine néanmoins. Napoléon III fait son coup d'État en mettant l'Assemblée nationale à Mazas, au milieu de l'indifférence ou de l'hilarité générale. En 1870, la population parisienne bouscule avec enthousiasme le Corps législatif; un tout jeune avocat, M. Gambetta, dissout les conseils généraux et les conseils municipaux, élus la veille par le suffrage universel, sans qu'un seul électeur proteste. Aujourd'hui même, si M. le maréchal de Mac-Mahon, au lieu d'être un serviteur modeste de l'Assemblée, lançait un manifeste où il l'accuserait d'être usée, impuissante, réactionnaire, et la faisait jeter à la porte par un bataillon de chasseurs, je rougis de le dire, mais tout le monde laisserait faire et beaucoup applaudiraient. Le lendemain, une majorité considérable ratifierait tous les pouvoirs qu'il lui plairait de se donner.

Voilà le fait, le fait brutal et incontestable, le peuple français n'aime pas les assemblées qu'il a nommées cependant lui-même, et il est toujours ravi quand une poignée de factieux ou un soldat hardi met brusquement fin aux discussions parlementaires.

Il me paraît difficile, avec ces goûts et ces habitudes, de constituer une république, forme de gouvernement qui exige par-dessus tout le respect des représentants du pays et la soumission à leurs décisions souveraines.

Le Parti républicain, ses Qualités et ses Défauts.

Il existe néanmoins un parti républicain, et si l'on en juge par les dernières élections, c'est lui qui possède la faveur populaire. Il ne serait pas raisonnable d'attribuer une trop grande importance à un engouement qui peut être momentané. L'opinion publique est, dans notre pays, chose variable, elle change d'un mois à l'autre, et le mobile qui pousse l'électeur à voter dans un sens plutôt que dans tel autre peut tenir à des causes bien diverses et bien légères. C'est le candidat qui déplait, le préfet qui est impopulaire, c'est un bruit qu'on a fait courir la veille, un journal qui sait parler le langage du moment, le plus souvent un courant qu'on subit sans le discuter. Un jeu de mots, une calomnie absurde, une nouvelle inventée à plaisir, font, sur les masses populaires empressées autour des urnes, l'effet d'un coup de vent sur un champ de blé. Ajoutons que dans notre pays, étrangement conservateur au fond, la forme du gouvernement existant de fait a toujours la majorité pour lui ; disons encore que ce mot magique de République, si vague, si élastique, admet toutes les espérances, tous les appétits, toutes les colères, et vous aurez l'explication de plus d'un vote républicain.

N'importe, il existe un parti républicain en France, bien organisé, bien discipliné, avec ses orateurs, ses hommes d'État, ses journaux, ses comités, et si la France n'a pas encore les mœurs républicaines, ce parti, arrivé aux affaires, pourra la façonner à son gré et la diriger dans cette voie.

C'est l'espérance des hommes intelligents de cette opinion, mais c'est aussi leur grande erreur.

Pour qu'un parti politique puisse arriver au gouvernement d'un grand pays et ait des chances sérieuses de s'y maintenir, il faut que ce parti ait un programme bien défini et accepté par tous ; or, le parti républicain peut avoir toutes les qualités, mais il n'a pas celle-là : il n'y a qu'un point sur lequel ils soient tous d'accord, et c'est un mot, un mot sonore, il est vrai, mais bien vague, le mot de République.

Quant au programme de gouvernement, il varie à l'infini, depuis la république conservatrice de M. Thiers jusqu'à la commune de Vermesh. La République sera-t-elle centraliste ou fédérale ? Personne n'est d'accord sur ce premier point ; M. Gambetta nie la question sociale dans un discours pour la placer en première ligne dans un autre, et ainsi du reste. Leurs orateurs et leurs journalistes renversent tout ce qui existe, mais ils n'ont, pour le moment, rien de bien pratique à mettre à la place. Les matériaux qu'ils apportent sont des pierres bonnes à enfoncer les portes, mais je n'ai point encore vu dans leurs mains des moellons propres à bâtir.

*
* *

En second lieu, dans un parti sérieux, il faut des chefs qui commandent et des soldats qui obéissent, et, chez les républicains, c'est tout le contraire, il y a chez eux de la discipline pour l'attaque, il n'y en a point après la victoire; quand il s'agit d'organiser le gouvernement nouveau, on voit, à la tête, des hommes intelligents, dévoués, honnêtes, offrant en un mot toute garantie... excepté celle d'être suivis par leur parti.

C'est là leur côté faible, et c'est au fond ce qui inquiète la France.

Le chef du parti républicain peut être un fort honnête homme; mais il ne me rassure pas, car demain son parti ne l'écoutera plus, et mon honnête homme est par terre; ou bien il écoutera son parti et hurlera avec lui, et mon honnête homme est alors un lâche ou un intrigant.

La masse du parti compte certainement dans son sein de très braves gens; mais il y a aussi parmi eux des exaltés, des ambitieux et des gredins. Les autres partis en ont aussi, comme de juste, mais ils sont moins dangereux; ils ne peuvent pas faire à eux tout seuls le pouvoir d'un État, à moins qu'ils ne s'appellent Caligula et ne soient César absolu.

Le parti républicain est, en outre, poursuivi par une chance très malheureuse. Quand un homme est malhonnête, ou porte au milieu de ses concitoyens une tare publique ou cachée, si cet homme a un choix à faire parmi les diverses opinions en cours, il est à peu près tristement certain qu'il se dira républicain. Pourquoi? Je n'en sais rien, mais il y trouve probablement son intérêt; tout ceci porte un grand danger.

En république, qui fait le gouvernement? L'élection populaire. Qui dirige l'élection? Un comité.

Qui compose le comité? Les plus ardents, les plus exaltés de la circonscription, et ce ne sont pas toujours les mieux doués de bon sens ; ceux qui ont le plus de temps à perdre et, par suite, ceux qui ont le moins d'intérêt au développement du travail public; ceux qui possèdent le moins de fortune et, par conséquent, ceux qui ont le moins à risquer dans un bouleversement. Ceux qui crient le plus fort, ce sont toujours ceux qui réfléchissent le moins. Les habiles s'en mêlent quelquefois aussi, quand ils y trouvent leurs profits.

Aussi, le choix s'arrête naturellement, non sur l'homme le plus sérieux, le plus capable, mais sur celui qui affichera les opinions les plus extraordinaires, sur une personnalité vaine et bruyante, le plus souvent sur une nullité complète, pourvu qu'elle soit à leur dévotion. Les nullités sont même très goûtées dans ce monde-là, parce que ce choix affirme beaucoup mieux la souveraineté du peuple, et qu'un homme complètement insignifiant observera beaucoup mieux le mandat impératif et ne deviendra jamais une personnalité importante, chose dangereuse dans une démocratie.

J'ai entendu très sérieusement émettre ces idées par des gens convaincus, c'est peut-être matière à discussion, cela n'empêche pas qu'une assemblée d'imbéciles ou d'extravagants, eussent-ils le plus beau mandat impératif du monde, ne sera jamais qu'une réunion d'imbéciles ou d'extravagants, et que le pays gouverné par eux aura un étrange gouvernement.

La Question religieuse et le Parti républicain.

Il y a un cachet spécial qui caractérise néanmoins toutes les fractions du parti républicain ; il y a un article du programme, j'ai oublié de le dire, sur lequel ils sont tous d'accord ; ce cachet, c'est la haine de toute manifestation religieuse ; cet article du programme, c'est la guerre à la religion et à ses ministres.

Il n'y a pas à récriminer là-dessus. A part quelques rêveurs qui se croient républicains, mais qui ne sont pas acceptés comme tels par leurs coreligionnaires politiques, le fait est évident, il ressort des discours de leurs orateurs et de l'esprit qui anime tous leurs journaux. Les déclarations de leurs candidats, leurs projets de constitutions futures, les résolutions de leurs assemblées, si différentes souvent les unes des autres, portent tous également l'empreinte de cette hostilité. Cette empreinte est plus ou moins précise ; cette hostilité s'attaque, suivant les temps, tantôt à l'éducation religieuse, tantôt à telle manifestation du culte, tantôt à l'existence de certaines congrégations, quelquefois au dogme lui-même ; mais elle se montre toujours, et c'est à cette marque que l'on reconnaît un vrai républicain. Si les chefs actuels arrivaient sérieusement au pouvoir, ils seraient certainement obligés, malgré leurs répugnances personnelles, de satisfaire sur ce point les exigences du parti, ils seraient fatalement contraints de faire la guerre au catholicisme ; ils la feraient plus ou moins ouverte, ils protesteraient de leur bon vouloir, ne demandant d'abord qu'à l'épurer pour le rendre plus conforme à l'esprit du siècle ; mais, comme les fidèles ne les reconnaîtront jamais pour des Pères de l'Église, ce seraient bientôt la guerre ouverte et la persécution.

Les conséquences de cet état de choses sont faciles à déduire : on aurait des fermetures d'écoles et d'églises, des invasions armées dans les couvents, des poursuites devant les tribunaux, des emprisonnements, des proscriptions. On créerait à plaisir la révolte dans les consciences, le désordre dans les familles, la désunion entre les citoyens, le trouble dans le pays. Ce serait, au fond, une atteinte brutale à la liberté de conscience, à l'autorité du père de famille, aux convictions les plus profondes du cœur humain. Au profit de qui ? De ceux qui ne croient pas et ne pratiquent pas. Mais qui les force aujourd'hui de croire et de pratiquer ? Cette guerre aboutirait-elle ? L'histoire est là pour affirmer le contraire : la guerre à la religion ne fait que l'ancrer plus profondément dans les âmes. Pourrait-elle durer quelque temps ? Pas même. Les gens religieux sont ici naturellement hors de cause, mais espère-t-on faire croire longtemps, même à des indifférents, si nombreux, hélas ! dans notre cher pays, que la liberté commande d'emprisonner des curés, de fermer des écoles et de poursuivre des femmes ? Que l'on persuade cela à des Suisses, passe encore ; mais à notre France, si moqueuse, si spirituelle, et toujours amie de l'opposition ! c'est bien difficile.

Les hommes sérieux du parti républicain comprennent sans doute tout le ridicule, toute l'ineptie, tout le danger de cette guerre ; ils savent qu'un parti ne se met jamais impunément en hostilité avec les sentiments religieux d'un grand pays, surtout quand ce pays est la France, la nation catholique. Mais ils ne peuvent pas faire autrement ; ils doivent hurler avec leurs comités fanatiques, sous peine de déchéance ; ils doivent faire la guerre, dut-elle détruire l'idéal du gouvernement qu'ils poursuivent ; car, ils le savent bien, leur république doit être athée, et la religion, si elle n'empêche pas leur république d'arriver, la tuera.

Le Parti socialiste.

Le parti socialiste, et c'est le plus ardent, suffirait à lui tout seul à tuer la république une fois bien établie. Ce parti veut réformer la société, renverser tous les abus et créer un ordre nouveau où la misère sera supprimée, où la fortune et le bien-être seront répartis d'une façon égale entre tous. Les masses ouvrières sont presque toutes converties à cette doctrine nouvelle, et la plupart attendent avec foi l'avénement du futur évangile.

Je ne demande pas mieux que de croire, pour ma part, à cet idéal de société ; mais, auparavant, il faut qu'on trouve le moyen d'empêcher un homme de travailler mieux qu'un autre, de boire moins qu'un autre, d'user moins qu'un autre, d'être plus intelligent, plus économe et mieux portant que son voisin. Toutes ces causes réunies, et j'en passe, feront toujours qu'à la fin d'une journée, un ouvrier aura fait plus de travail, ménagé plus ses provisions que son camarade, et aura ainsi un petit capital, qu'il prêtera ouvertement ou secrètement, généreusement ou avec intérêt, sans que personne puisse l'en empêcher, parce que nécessité fait loi.

En attendant qu'on trouve le moyen d'empêcher ces abus, et personne, que je sache, ne l'a encore fait connaître, je ne crois pas à l'application de la doctrine nouvelle. Il y aura toujours, pendant longtemps, des habiles, des économes, des travailleurs et des heureux, en face d'inhabiles, de prodigues, de paresseux et de gens à malechance. Il y a bien probablement des remèdes à chercher contre l'abus du capital, les excès de la concurrence, les misères du chômage et l'isolement du prolétaire ; mais ces remèdes, fruits de la charité et de la science, ne peuvent s'expérimenter et s'appliquer que dans une société paisible, sous l'égide d'un gouvernement fort et paternel, soucieux du bien-être de tous. De pareilles expériences, faites dans une société où l'autorité dépend exclusivement du vote populaire, ne peuvent que servir de prétexte à des agitations, encourager les ambitieux et les charlatans politiques, et arrêter l'essor du travail national, source de toute prospérité.

*
* *

Les philosophes du parti n'ont, jusqu'à présent, rien trouvé de pratique et d'applicable ; le socialisme n'est, au fond, qu'une formule élastique, sous laquelle chacun cache ses aspirations au bonheur, ses convoitises, ses regrets, ses envies et ses rancunes; la doctrine n'a rien de réel, mais le parti l'est bien, il existe, il est même très vivant.

Toujours à la recherche de son idéal, ce parti portera au pouvoir l'homme qui lui promettra de le satisfaire. Il ne manquera pas de prophètes ou de vulgaires ambitieux qui, les uns par infatuation niaise, les autres par simple calcul électoral, jureront de conduire le pauvre peuple à la terre promise. Ceux-là seuls seront élus, et l'emporteront sur les autres, qui feront scintiller les programmes les plus séduisants. Une promesse est si facile à faire, une affiche est sitôt rédigée! Et après?

Les combattants de juillet 1830, de février et de juin 1848, de la commune de 1871, sont bien morts; les champs de Nouka-Hiva, les pontons de Brest ont vu bien des hôtes désespérés : les chefs seuls sont vivants. Les apôtres menteurs ont renié leurs disciples, et leur impunité ne tranquillise pas la conscience publique. Ainsi va la France depuis quatre-vingts ans.

Les agitateurs, à la langue dorée, promettent à la foule crédule ce qu'ils ne peuvent pas lui donner; les déceptions, les colères, les insurrections, viennent ensuite; on les arrête avec de la mitraille; mais que penser d'un État politique voué aux rêves et aux mensonges, et oscillant fatalement entre les barricades de la veille et les répressions sanglantes du lendemain?

Dans notre pays, la république porte en naissant

une destinée malheureuse et comme un sceau
fatal qui la désigne à une fin prochaine : ce sont
les trop grandes espérances qu'elle fait éclore dans
le cœur du grand nombre. Elle ne peut jamais
donner ce qu'elle promet, ou ce que chacun se
promet en la voyant arriver. Ce n'est pas l'enthousiasme populaire qui lui manque ; ce n'est pas le
concours actif de ses partisans les plus capables.
Dès le début, ceux-ci sont au pouvoir, ils ont tout
pour eux, on leur permet la dictature la plus absolue.
Mais ils ne peuvent pas changer l'ordre naturel des
choses, faire disparaitre l'inégalité des forces et des
talents individuels, qui s'oppose à l'égalité, donner
à chacun la même somme de modération, qui permettrait la liberté, et annihiler les passions, qui font
obstacle à la fraternité. Aussi, leur incapacité éclate
aux premiers jours ; leurs projets de réformes so-
ciales et politiques, chefs-d'œuvre qui passionnaient
les électeurs de la veille, ne peuvent pas même
affronter l'essai de la pratique au grand jour ; ils
donnent au peuple des phrases, et toujours des
phrases, et le peuple désenchanté dit tristement :
Ce n'est pas encore la bonne.

J'ai déjà vu deux essais de république en France,
et, dans chacune de ces néfastes expériences, j'ai
entendu, au bout de quelques jours, alors que des
républicains sincères étaient néanmoins au pouvoir,
maitres souverains, le même refrain morne et dé-
couragé se reproduire : Ce n'est pas encore la bonne.
Il en sera toujours ainsi : on ne change pas les lois
éternelles qui régissent l'humanité, on ne peut pas
refaire le monde à nouveau. Aujourd'hui, si le vrai

parti républicain, composé des jacobins et des radicaux socialistes, arrivait aux affaires, je ne vois dans leurs programmes que deux points susceptibles d'une application pratique et immédiate : la terreur et la guerre au clergé. Je suis convaincu qu'ils entreraient de suite en besogne. Mais quand on aura épouvanté les gens paisibles, emprisonné quelques réactionnaires, levé quelques impôts forcés, fusillé quelques curés, cela donnera-t-il du pain et du bien-être au peuple ? Voilà la question. Aussi le même refrain triste se fera entendre et se répétera, jusqu'à ce qu'un soldat de rencontre, mettant le pied sur la république et la main sur son épée, dise à la nation à moitié morte : Voilà vraiment la bonne ; saluez-la de vos acclamations.

La République conservatrice.

Les radicaux, les socialistes, mettraient bien vite à mort cette malheureuse république ; mais serait-elle dirigée exclusivement par le parti conservateur, bien assis aux affaires et sincèrement converti à cette forme de gouvernement, que son sort serait bientôt le même. Avec les premiers, elle tomberait par le désordre et l'anarchie ; avec les seconds, elle finirait par l'impuissance et le ridicule. Le parti conservateur, honnête, s'il en fut, mais borné et mesquin, gouvernerait par de petits moyens, de petites lois, de petits compromis, de petites concessions, de petites révocations. Il n'inspirerait pas la terreur, mais il agacerait le peuple français, le plus nerveux de tous les peuples. Les différentes nuances du parti se disputeraient, se balanceraient, s'arrangeraient, se passeraient la rhubarbe et le séné, au milieu de la stagnation des affaires et de la lassitude universelle. S'ils voulaient exercer des mesures de rigueur, même légitimes, on ne le leur pardonnerait pas. On permet la terreur aux radicaux, ce sont des loups; mais on n'admet pas des moutons enragés. Ce serait un étrange gouvernement : les départements seraient gouvernés par une famille, et l'État par une coterie. C'est alors que fleuriraient les lettres de recommandation, chacun étant occupé à placer le plus convenablement ses parents, ses amis, ses protégés et les protégés de ses amis. Mais, comme il n'y aurait pas possibilité de placer tout le monde, la grande masse serait bientôt mécontente. Après avoir chansonné le gouvernement, on demanderait à grands cris un caporal pour mettre fin à cette orgie de famille ; on annoncerait un coup d'État pour un jour fixé d'avance, et ce jour-là, le coup d'État se ferait par le premier venu, sans bruit, sans effusion de sang, au milieu de la tranquillité la plus parfaite et de l'hilarité générale.

Le Bonapartisme.

Le peuple de France marche instinctivement à la monarchie. Cette disposition d'esprit est tellement générale, tellement profonde, que, malgré le succès extraordinaire des élections républicaines, personne ne croit sérieusement à la consolidation de la république. Prêtez l'oreille aux conversations intimes de vos voisins : Nous allons au bonapartisme, disent-ils tous, les uns avec joie, les autres avec terreur. Nous allons au bonapartisme, c'est-à-dire, à la forme la plus despotique de la monarchie. Tout le monde attend le *Maître* qui doit mettre fin aux discussions stériles, renvoyer les avocats au barreau, les ouvriers aux ateliers, imprimer une direction énergique au gouvernement, et courber toutes les têtes sous une verge inexorable. C'est à ce prix que les affaires reprendront, et que la France pourra envisager l'avenir sans inquiétude. J'aperçois ce désir chez beaucoup, qu'ils l'avouent ou qu'ils n'osent pas l'avouer; mais je crois qu'ils se trompent et qu'ils se préparent une immense et cruelle déception.

Le bonapartisme, tel qu'il existe au fond du cœur de ses plus nombreux partisans, n'est pas un sentiment d'affection pour l'héritier d'une dynastie aimée et respectée, comme il peut exister chez les partisans de la légitimité. Non, c'est le besoin instinctif d'une autorité sans conteste, gouvernant d'une façon ferme, résolue, persévérante, au-dessus des assemblées et des compétitions parlementaires.

Le souvenir des deux empires a créé cette tradition et l'on espère la voir revivre. Quand le peuple français marche au bonapartisme, il croit voir revenir sur la scène le grand et terrible Napoléon Ier, ou le flegmatique et tenace Napoléon III. Il ne faut pas se faire illusion : le bonapartisme est cela ou n'est rien. Or, si la France croit retrouver son idéal de gouvernement ainsi fait, dans l'arrivée au pouvoir du jeune Napoléon IV, elle se ménage, à mon avis, un terrible mécompte. Le jeune Napoléon, que je me souviens d'avoir vu en 1870, enfant délicat et souffreteux, a dix-huit ans aujourd'hui. Ce n'est pas un homme ; il ne peut pas avoir la volonté, la connaissance des hommes et des choses, la persévérance, qualités appartenant essentiellement à l'homme fait. Si ce jeune prince succédait immédiatement à son père dans des conditions normales, sans compétitions de nature sérieuse, trouvant un système gouvernemental tout fait d'avance et fonctionnant par lui-même, son avénement au trône, à un âge aussi tendre, exciterait néanmoins des inquiétudes. On se demanderait : Comment va-t-il marcher ? Sous quelle influence inaugurera-t-il son règne? Aura-t-il une main assez forte pour diriger une nation aussi turbulente que la France? Et l'on aurait raison de poser ces questions.

Aujourd'hui, dans une situation telle, que beaucoup vont jusqu'à désespérer de leur pays, en présence de partis nombreux et ennemis qui s'équilibrent, à la veille peut-être de grandes compétitions européennes, on irait chercher un enfant pour lui remettre en main la direction suprême d'un grand pays! C'est tout simplement insensé.

*
* *

On ne réfléchit pas que ce tout jeune homme, qui ne peut avoir aujourd'hui aucune idée arrêtée, ni sur le gouvernement intérieur, ni sur la politique extérieure, va fatalement subir, en montant sur le trône, les influences diverses des personnes qui l'entoureront. Sera-ce celle de sa mère, celle de M. Rouher, celle de son cousin, le prince Napoléon? car il y a plusieurs courants dans le bonapartisme. L'impératrice Eugénie est catholique, mais sans grande portée politique dans l'esprit; on peut dire cela d'une femme sans lui faire injure. M. Rouher, c'est l'habileté; mais c'est cette habileté d'homme d'affaires et d'expédients qui a perdu le second empire. Le prince Napoléon se mettra à la tête des démocrates autoritaires et de la franc-maçonnerie, cet ulcère secret, profond et venimeux de la France; une grande partie du parti républicain s'unira avec lui pour rentrer dans la place et miner le nouveau gouvernement.

Dans tous les cas, le futur empereur sera tiraillé entre ces influences de nature diverse; et comme il n'est pas un homme, qu'il ne pourra pas avoir de but et de principe bien fixe, son autorité sera flottante et irrésolue, et la France n'aura pas le maître dirigeant qu'elle désire.

Ces défauts ne se feront peut-être pas sentir dans

les premiers jours ; mais ce qui se fera sentir sûrement et durement, c'est le triomphe d'un parti avec ses avidités, ses haines, ses révocations, ses déportations. Il n'est pas bon qu'un parti vaincu la veille triomphe le lendemain, car c'est alors un parti de vengeance. Sous ce rapport-là, le parti bonapartiste ne fait pas mystère de ses espérances : il faut commencer par l'intimidation.

L'intimidation durera un mois, deux mois, trois mois ; puis, comme il n'y a pas un homme derrière pour continuer l'œuvre, les compétitions d'influences apparaîtront bientôt au grand jour, la désunion se mettra dans les conseils dirigeants, l'autorité cessera d'être une. Alors le désordre renaîtra dans les esprits, et le peuple commencera à murmurer le mot de Sedan. Si les Bourbons, malgré leur patriotisme, malgré l'ordre dans les finances, le bien-être général, l'éclat politique et littéraire de leur règne, malgré les conquêtes extérieures, n'ont pas pu tenir contre le reproche injuste et ingrat d'être rentrés au milieu d'une invasion, eux qui avaient sauvé la France du démembrement, qu'adviendra-t-il de ce jeune et malheureux enfant à qui l'on reprochera toujours Sedan, l'invasion, l'Alsace et la Lorraine perdues ! Vis-à-vis des puissances étrangères, sa position serait non moins difficile. N'ayant aucune autorité personnelle, ne pouvant offrir d'autre garantie que celle de son entourage, il ne pourrait pas exercer sur les autres cabinets une influence qui serait cependant si nécessaire aujourd'hui pour relever notre pays. Notre mobilité, nos révolutions perpétuelles, nous ont bien discrédités en Europe ; il faut autre chose que l'autorité morale d'un enfant pour refaire notre prestige à l'extérieur.

Il faut bien réfléchir sur ce point important : dans les circonstances où nous sommes, l'exilé de Chislehurst est un enfant qu'il nous faudra protéger et défendre ; et certes, il ne nous faut pas aujourd'hui un gouvernement que nous ayons besoin de soutenir, il nous en faut un qui nous soutienne, et pour cela il faut un homme.

La Famille d'Orléans.

La France en aurait probablement trouvé un chez les d'Orléans. L'attitude qu'ils ont prise ces dernières années, la démarche qu'ils ont faite, excitent mes sympathies et commandent mon estime. La dignité calme et modeste du comte de Paris, l'esprit chevaleresque du duc de Nemours, l'intelligence si ouverte du duc d'Aumale, le dévouement patriotique du prince de Joinville, la valeur brillante de leurs neveux, composent une famille que toute nation s'estimerait heureuse de voir assise sur les marches du trône. Mais ils ne sont pas en cause; ce ne sont plus des prétendants; ils avaient un parti qu'ils ont noblement répudié, pour ne pas augmenter les divisions de notre malheureux pays. Si la république, telle que la rêvent ses plus dévoués partisans, si l'empire, venaient à triompher, on les verrait reprendre tristement le chemin de l'exil, après avoir donné l'exemple d'une conduite qui sera leur éternel honneur, et qui doit être pour nous l'objet des plus sérieuses méditations.

M. le Comte de Chambord.

M. le comte de Chambord me paraît être cet homme. Il y a trois ans, je le considérais comme un nouveau Stuart, une pieuse légende des temps passés, un souvenir vivant d'une époque ancienne et glorieuse; mais je n'aurais jamais cru qu'il pût devenir le seul espoir de la France moderne. Aujourd'hui, la succession rapide des événements, les déceptions accumulées, l'impossibilité d'autre chose, m'ont petit à petit amené à une conviction complète, semblable à celle qu'on éprouve devant un fait matériel, évident, indiscutable. Pour moi, c'est une nécessité qui s'impose. L'incapacité de la France au fonctionnement d'une république, l'imminent danger d'une restauration impériale, le ridicule et l'inanité des moyens termes imaginés jusqu'à ce jour, aboutissent inévitablement à cette dernière solution. Examinons-la froidement, comme nous avons procédé dans notre étude.

M. le comte de Chambord est le descendant direct de la famille royale de Bourbon, la plus ancienne de l'Europe, celle qui a fait la France, province par province, et lui a donné, tant qu'elle a été sur le trône, la suprématie parmi les autres nations.

Or, une tradition persistante dans une race est une garantie pour l'avenir de cette race. Une famille de commerçants, d'industriels et d'agriculteurs fonde avec justice, sur une longue succession héréditaire, ses meilleurs titres à la confiance publique. Quand les Bourbons ont été forcés, par des révolutions intérieures, de quitter le trône, ils ont toujours trouvé, à leur retour, la France moins grande, moins prospère qu'ils ne l'avaient laissée. Les Bonapartes ont eu des moments plus brillants, des succès plus rapides; mais ils ont toujours fini par des faillites épouvantables. On pourra là-dessus faire des discussions d'académie ou de barreau; mais le fait est là. Voilà pour la famille; à l'homme, maintenant.

*
* *

Comme je l'ai dit plus haut, il y a trois ans je ne le connaissais pas. Quand son nom parut pour la première fois dans les journaux et dans les conversations publiques, voilà ce que j'entendis : C'est un honnête homme, disaient les républicains; c'est un honnête homme, affirmaient les socialistes; c'est un homme vraiment honnête, répétaient les orléanistes et les impérialistes.

Quand ce concert unanime des partis les plus divers, des intérêts les plus hostiles, parvint à mon oreille, sans qu'aucune voix discordante en troublât la netteté, je fus saisis d'une émotion étrange et je me dis : Approchons-nous; c'est là peut-être qu'est le salut de la France. Faites-moi place; laissez-moi voir à mon aise un homme reconnu honnête entre tous; un homme qui peut se présenter devant ses amis et devant ses ennemis, sans crainte et sans reproche; un prétendant qui fait de la politique comme personne n'en a fait jusqu'à présent.

Nous avons été tellement dupés, pendant de longues années; les habiles, les adroits, ont si longtemps abusé de notre crédulité et exploité nos illusions; nous avons été bercés de tant de mensonges, de fausses promesses et de paroles creuses; nous étions si habitués à mépriser nos gouvernants, que j'ai éprouvé dans mon âme comme une espèce de rafraîchissement.

Pourvu que ce ne soit pas encore une illusion, me suis-je ensuite demandé avec inquiétude; et je l'ai examiné et suivi avec soin, pensant le trouver en défaut.

Non, je ne l'ai pas trouvé; et aujourd'hui j'éprouve l'immense satisfaction de le voir seul, sans parti, sans amis politiques, parce qu'il n'a jamais voulu se prêter à aucun compromis, à aucune intrigue douteuse, à aucune équivoque. Il est bien seul, et toujours semblable à lui-même.

*
* *

Si M. le comte de Chambord avait déclaré, dans un manifeste, qu'il ne voulait tenir sa couronne que du peuple, seul arbitre, seul dispensateur de toute souveraineté ; s'il avait reconnu que la loi irrésistible du progrès l'amenait à retremper sa vieille dynastie dans le grand courant civilisateur qui sourd de la Révolution française; s'il avait ajouté que, pour marque de sa conversion aux idées modernes, il en arborait le glorieux étendard, le drapeau tricolore, personne n'aurait cru à la sincérité de ses paroles ; mais la grande masse de la nation, le besoin aidant de la stabilité et de la reprise des affaires, aurait dit : A la bonne heure ! voilà un prince libéral qui comprend les exigences du temps présent ; c'est peut-être l'homme qu'il nous faut.

S'il avait accompagné son manifeste d'un système de publications, de brochures, de photographies, de manifestations ordonnées et conduites avec art ; s'il avait fait imprimer sous son nom un gros ouvrage composé à ses frais sur la question sociale ; s'il avait fait courir le bruit, sans le démentir d'une manière sérieuse, qu'il avait reçu le tablier maçonnique dans une loge quelconque, tous n'auraient pas manqué de dire : Voilà un homme habile, qui connaît son monde et qui saura adroitement mener son affaire.

M. le comte de Chambord aurait totalement perdu notre estime ; mais nous nous serions tous rendus à sa merci. En vérité, nous sommes bien méprisables.

*
* *

Quand un honnête homme dit une parole, il faut y ajouter foi. Tout en rendant justice à la haute loyauté du prince, on répète partout qu'il y a un abîme entre lui et nous ; on ajoute que cet abîme est infranchissable, qu'il a été creusé par le prince lui-même. Le gouvernement qu'il propose à la France moderne est en complet désaccord avec les aspirations légitimes et les nécessités des temps actuels. Qu'on lise plutôt les manifestes émanés de lui.

Examinons donc ces manifestes, effroi de la génération présente, et rappelons-nous que les promesses énoncées par le prétendant seront tenues par l'honnête homme :

« On dit que je prétends me faire décerner un
« pouvoir sans limites. Plût à Dieu qu'on n'eût pas
« accordé si légèrement ce pouvoir à ceux qui,
« dans les jours d'orage, se sont présentés sous le
« nom de sauveurs! Nous n'aurions pas à gémir
« aujourd'hui sur les maux de la patrie.

« Ce que je demande, vous le savez, c'est de don
« ner l'essor à toutes les aspirations légitimes; c'est,
« à la tête de toute la Maison de France, de prési
« der à ses destinées en soumettant avec confiance
« *les actes du gouvernement au sérieux contrôle de*
« *représentants librement élus.*

« On dit que la monarchie traditionnelle est in
« compatible avec l'égalité de tous devant la loi.

« Répétez bien que je n'ignore pas à ce point les
« leçons de l'histoire et les conditions de la vie des
« peuples...

« Je ne veux exercer de dictature que celle de
« la clémence...

« Dieu aidant, nous fonderons ensemble et quand
« vous le voudrez, sur les larges assises de la dé
« centralisation administrative et sur les franchises
« locales, un gouvernement conforme aux besoins
« réels du pays.

« Nous donnerons pour garantie à ces libertés
« publiques, auxquelles tout peuple chrétien a droit,
« *le suffrage universel honnêtement pratiqué et le con-*

« *trôle des deux Chambres*, et nous reprendrons,
« en lui restituant son caractère véritable, le mou-
« vement national de la fin du dernier siècle...

« Ce sont les classes laborieuses, les ouvriers
« des champs et des villes, dont le sort a fait l'objet
« de mes plus vives préoccupations et de mes plus
« chères études, qui ont le plus souffert de ce
« désordre social. »

*
* *

Il est évident, pour tout homme sérieux, que le
vote de l'impôt par les représentants élus du pays,
et leur participation à la confection des lois, consti-
tuent la marque caractéristique et le fondement
de tout État libre.

Toutes les libertés publiques découlent nécessai-
rement de ce principe politique une fois admis et
loyalement pratiqué.

Que signifie alors le reproche d'absolutisme, de
politique surannée, attribué gratuitement à M. le
comte de Chambord ?

On aurait sans doute aimé qu'il eût fait des tirades
ronflantes sur les thèmes à la mode, sur la liberté
de la presse, par exemple. Cela aurait-il ajouté
quelque chose au fond de la question, engagé
l'avenir et prémuni contre certaines éventualités ?
Non, puisque ces libertés dépendent des temps,
des circonstances et de l'opinion des députés nom-
més par la nation.

Est-ce que ces promesses, solennellement ins-
crites dans les chartes, constitutions et procla-
mations des divers gouvernements qui se sont

succédé en France, ont empêché les deux Empires de gouverner comme chacun sait, la Monarchie de juillet d'édicter les lois de septembre, les Républiques d'établir l'état de siége sur une moitié du territoire ?

Le reproche est donc absurde ; il prouve seulement deux choses : premièrement, qu'en France on aime à se payer de mots ; secondement, que le prince n'a pas voulu tomber dans des redites usées comme de vieux mensonges. M. le comte de Chambord nous prend pour des hommes, et je l'en remercie. Il nous promet simplement — et nous savons que ce n'est point à la légère — un gouvernement ayant la liberté pour base, et le contrôle des représentants du pays pour moyen. C'est à nous de faire le reste.

Ce sont, en effet, les mœurs publiques et privées, les efforts individuels, qui peuvent seuls améliorer un pays et le rendre digne d'une plus grande somme de liberté.

Henri V ne pourra faire que le possible ; il pose aujourd'hui la base, c'est à nous d'apporter les matériaux pour la construction de l'édifice.

Il y a une partie de ses manifestes qui m'a particulièrement touché ; c'est celle qui a trait aux classes laborieuses. La préoccupation constante de leur sort, qui perce dans tous les écrits de M. le comte de Chambord, chez un homme qu'on n'accusera certes pas de faire des réclames et de chercher de la popularité pour se frayer un chemin au trône, indique une volonté ancienne et réfléchie, et nous promet un gouvernement qui, pour la première fois, s'occupera sérieusement des pauvres et des petits.

⁎
⁎ ⁎

Il ne veut pas être le roi de la Révolution : qu'en dit-il, sinon ce que nous en disons, nous autres de la foule?

Hélas! après tant d'efforts, de luttes héroïques, tant d'espérances, tant de beaux débuts, tant d'intelligence dépensée, tant d'hommes morts à la tâche, après tant de sang et tant de ruines, quel est le cri de découragement qui s'échappe de nos poitrines?

La Révolution française a avorté, elle n'a pas porté pour le peuple les fruits qu'il en attendait.

L'œuvre est à refaire ; *il faut reprendre, en lui restituant son caractère véritable, le mouvement national de la fin du dernier siècle.*

Henri V ne veut pas gouverner par la guerre, comme Napoléon Ier; par les débats parlementaires, où le peuple n'entre pour rien, comme la Restauration; par les bourgeois enrichis, comme Louis-Philippe; par les faiseurs d'affaires et les intrigants véreux, comme Napoléon III; par les avocats et les débitants de phrases, comme les républiques qui ont servi d'intermèdes. Non, il ne veut rien de tout cela. Si ces divers systèmes de gouvernements sont les fruits de la Révolution, il les trouve mauvais et les rejette. A-t-il tort?

Si j'en juge par ses paroles, ses lettres, ses manifestes, (il n'a pas fait de gros volumes, et je l'en loue), Henri V veut être le roi de tous, le roi des communes et des corps d'état, le roi de tous ceux qui, n'ayant pas d'intérêt personnel et direct dans le maniement des affaires politiques, courbés sur leur tâche quotidienne, accomplissent la loi divine du travail et portent durement le poids du jour et de la chaleur.

*
* *

Le prince a cinquante-quatre ans, l'âge de la maturité, et sa vie jusqu'à ce jour peut se raconter en peu de mots. Il a vécu dans une retraite studieuse, avec des mœurs sobres et sévères, s'est tenu à l'écart de toute agitation de parti, n'a donné aucun indice de témérité ou d'amour pour les aventures, et personne n'a pu lui reprocher une démarche présomptueuse et inconsidérée.

On ne pourra pas broder un roman sur cette existence sage et régulière, et je sais qu'elle n'a pas été du goût de tous ses partisans; mais je l'aime ainsi, et je le désire tel pour le bonheur du peuple qu'il sera appelé à gouverner.

Dans les défauts du jeune homme, se retrouvent en germe les fautes de l'homme fait; le Napoléon du Mexique et de Sedan avait été l'homme de Boulogne et de Strasbourg.

Les prodigalités ruineuses, les expéditions inconsidérées, les coups de tête aventureux, les entraînements dus aux temps et au milieu, ne seront pas son fait. Tel parti pourra s'en plaindre, tel ambitieux, tel joueur de bourse, n'y trouveront pas leur compte; mais le peuple, qui paye tout de son sang et de sa bourse, honorera le roi avare des deniers de l'État, ne les prodiguant pas à des favoris ou dans de fastueuses folies, et n'exposant pas d'un cœur léger, sur les champs de bataille, les précieuses existences des enfants du laboureur et de l'ouvrier.

* *

Il est un point, quand on réfléchit sérieusement, un point important, capital, qui devrait réunir tous les Français, tous les partis, dans une entente commune; c'est celui relatif à notre position vis-à-vis des puissances étrangères. Que sommes-nous maintenant, qu'est devenue notre influence, où sont nos amitiés et nos alliances? Dans des circonstances pareilles, le peuple romain aurait nommé un dictateur; et nous, nous sommes en *République,* sans avoir un Sénat, dépositaire immuable de la politique nationale! Nous sommes en République à la *française;* c'est-à-dire, avec un gouvernement qui peut changer d'un jour à l'autre, au gré d'une erreur de scrutin ou de l'absence de quelques députés. Quelle stabilité avons-nous et quelle garantie pouvons-nous offrir?

Mettez en regard Henri V, roi de France, avec sa position de chef de la plus ancienne famille royale d'Europe. Malgré nos révolutions égalitaires, le titre de la naissance a toujours son prestige, surtout auprès des familles régnantes basées sur ce principe; et Louis XVIII, roi d'une nation vaincue, avait su, grâce à ce titre, garder noblement sa suprématie au milieu des rois vainqueurs. Ajoutez son âge d'homme fait, qui lui assure une autorité personnelle dans les conciliabules de rois, si fréquents de nos jours; entourez-le de son auréole incontestée d'honnête homme; pesez l'importance même politique de cette qualité, dans les temps où nous vivons, au milieu des cours de l'Europe, toutes en défiance les unes des autres, n'ayant aucune al-

liance assurée, obligées en conséquence d'entrete-
nir des armements considérables, et jugez.

Si des souverains nous passons aux individus,
examinez ce qui se dit, ce qui s'écrit hors de notre
pays. S'il y a un nom que nos amis, répandus sur
la surface du globe, associent avec l'espoir de notre
future résurrection, c'est celui-là ; s'il y a un nom
que nos ennemis ne peuvent prononcer sans rage,
un nom qu'ils honorent de leur répulsion unanime,
c'est encore celui-là.

J'ai voulu me figurer parfois ce que serait l'avénement de M. le comte de Chambord.

Il ne serait pas signalé par des proscriptions et
des déportations, comme en demandent certains
partis pour assouvir leurs rancunes ou pour calmer
leurs craintes affolées. Quelques-uns pourraient
éprouver des déceptions ; mais personne en France
n'éprouverait le bas et mauvais sentiment de la
peur. On n'irait saisir aucun citoyen dans son lit.

On ne verrait pas surgir une nuée de conspi-
rateurs de la veille, pour prendre part à la curée
du lendemain. Il n'y aurait pas de vainqueurs, il
n'y aurait pas de vaincus.

Je ne parle pas de la reprise des affaires : elle
suit toujours le gouvernement qui présente un
gage de stabilité. Mais la grande masse du peuple
éprouverait comme une espèce de bien-être moral,
et tous, y compris ses anciens adversaires, di-
raient : C'est au moins un honnête homme sur
le trône,

La France, instinctivement, relèverait la tête et dirait aux autres nations : Que les vieilles alliances, que les intérêts communs se rapprochent ; nous avons une main loyale pour serrer une main amie, nous avons une parole à qui tous peuvent se fier. Amis et ennemis, voilà un Roi de France.

OBJECTIONS

On dit qu'Henri V serait le roi de la noblesse. Si l'on examine cependant les hommes de cette classe mêlés activement à la politique, où sont, à part quelques généreux extravagants, comme on les appelle, où sont les nobles qui ont encore foi en son retour ? Du reste, cette crainte est bien vaine. Il en est des institutions comme des coutumes : elles tiennent à des circonstances de temps et de lieu qui motivent leur existence ; passé ce temps, elles sont mortes, et il n'est au pouvoir de personne de les ressusciter. La noblesse, comme caste privilégiée, n'existe plus ; la terre est divisée, la fortune industrielle est beaucoup plus considérable que la fortune immobilière ; si l'on trouve chez plusieurs de grandes qualités de dévouement, de générosité et de courage, comme ils l'ont montré dans la dernière guerre, ce sont des qualités toutes individuelles : les traditions et les préjugés de castes sont éteints. Il est peut-être encore possible de rencontrer parmi eux quelques rares personnes affichant des prétentions d'un autre âge, mais elles sont, en général, les moins spiri-

tuelles de ce monde, partant peu dangereuses :
on en fera des chambellans.

Ce qu'on appelle en France la noblesse, provient
d'origines très diverses : de familles historiques,
c'est rare, et de titres acquis par services rendus,
par dons gratuits, achats à beaux deniers comp-
tants ou simple usurpation. Elle date des Bourbons, de l'Empire, des d'Orléans ; aussi, elle est
très divisée d'opinions, on en trouve. dans tous
les partis, plusieurs font l'ornement du parti républicain, on en a vu dans la Commune, et un grand
nombre ne sont pas du tout légitimistes.

Heuri V n'aurait aucun intérêt à les faire revivre ;
ce serait une tâche impossible et absurde ; il irait,
du reste, contre la politique traditionnelle de ses
aïeux, qui se sont toujours mis du côté des communes, du tiers-état, contre la féodalité.

La monarchie future sera donc populaire. La seule
aristocratie vivante et inquiétante, à cette heure,
est la féodalité des grandes Compagnies indus-
trielles ; et Henri V, par instinct et par nécessité
de gouvernement, tendra plutôt à diminuer cette
nouvelle puissance qu'à l'augmenter.

Le roi ne rétablira pas la taille, les corvées et
les dîmes, parce que tout cela existe aujourd'hui
sous le nom d'impôts, de corvées et de budget
des cultes. Il ne s'avisera pas de lever des imposi-
tions sans l'autorisation des représentants du pays,
parce que ce serait une faute complètement inu-
tile ; les Chambres, Corps législatifs et Assemblées,
qui se sont succédé en France depuis 80 ans,
n'ont jamais manqué de voter les budgets les plus

considérables demandés par les divers gouvernements ; elles ne failliront probablement pas à ce
devoir à l'avenir ; aussi, pour ma part, je compte
beaucoup plus sur la modération de M. le comte
de Chambord que sur la résistance éventuelle de
nos futurs représentants.

*
* *

On a prétendu que les sentiments religieux du
Prince créeraient au nouveau gouvernement une
série de difficultés politiques, soit à l'intérieur,
soit surtout à l'extérieur. M. le comte de Chambord
est, en effet, un homme animé par des convictions
religieuses très solides, très profondes ; mais je
les considère comme ma garantie, à moi, sujet
ou citoyen de l'État. J'aime que le chef qui me
gouverne croie à une puissance supérieure à la
sienne, qui lui impose des devoirs, et le jugera
plus tard sur l'accomplissement de ces devoirs.
S'ensuit-il que ces convictions lui enlèveront tout
bon sens naturel et tout esprit de conduite ?
Trouvez-vous que les personnes religieuses, à
vous connues, en manquent dans le commerce
ordinaire de la vie et ne sachent pas conduire
leurs affaires ? Arrivons au fait : il est évident,
pour tout individu qui connaît un peu l'histoire,
que la politique extérieure de la France doit être
catholique, comme celle de l'Angleterre est protes-
tante, comme celle de la Russie est orthodoxe.
Ce point d'appui est une force énorme, qu'il n'est
permis à aucun homme d'État de négliger ; mais
cela empêche-t-il ces deux dernières puissances

d'employer les ménagements convenables, suivant les temps, et de vivre en paix avec leurs voisins ? Cette objection n'a donc pas le sens commun ; elle prouve seulement que le parti irréligieux de notre pays n'a aucune idée des moyens d'influence dont la France peut et doit disposer.

A l'intérieur, il est certain que le futur souverain ne persécutera pas le clergé ; ce qu'on fait gratuitement dans les autres pays, persécution qui y jette le trouble aujourd'hui et y amènera plus tard les guerres religieuses. Il ne lui permettra, comme corps constitué, aucune ingérence intempestive dans l'administration du royaume, pas plus qu'il ne permettrait celle du corps de la magistrature, de l'université ou de l'armée. Il a pour cela les traditions des rois, ses prédécesseurs. Du reste, le clergé ne demande que le droit, commun à chaque citoyen, d'exister et d'agir suivant sa conscience. Dans les pays où on le pourchasse âprement aujourd'hui, je vois bien les répressions brutales exercées contre lui ; mais personne n'a pu me désigner les délits qui pourraient motiver ces rigueurs.

On ne forcera personne d'aller à la messe ou à confesse ; obligation qui n'a jamais existé dans la loi civile, même au moyen-âge. On donnera probablement la liberté d'enseignement supérieur ; on étendra, je l'espère, la liberté de tester, comme cela existe dans toutes les républiques du monde. Je désirerais aussi que l'on fît une loi pour empêcher de travailler le dimanche : loi saine, bienfaisante et démocratique, qui permettrait au malheureux, courbé sous l'âpre nécessité de la concurrence, de relever la tête et de respirer un jour par semaine. De cette manière, notre dimanche ressemblerait à celui des États-Unis, où les enfants peuvent jouir de leur père, et le père de ses enfants, pendant une bonne journée de paix.

Je ne vois, en résumé, d'intérêts lésés par la restauration, que ceux des avocats et des journalistes qui espèrent arriver un jour à la présidence de la République.

*
* *

J'allais parler de la fameuse lettre du 27 octobre; mais à quoi bon ressasser cette vieille histoire et remettre au jour les explications interminables et alambiquées auxquelles nos petits-neveux ne comprendront rien? Si l'on a pu discuter sur les termes de sa lettre, faire des arguties et appliquer, au moyen de subtilités ingénieuses, à une foule de points, une restriction qui ne visait réellement qu'un seul, a-t-on pu se méprendre sérieusement sur l'esprit qui l'avait dictée, et son véritable sens ne ressortait-il pas clair et évident?

M. le comte de Chambord ne veut pas être l'homme d'un parti; il l'a déclaré plusieurs fois énergiquement. Arrivant à la suite des compromis, des conférences entre groupes parlementaires, des petits papiers échangés, des votes arrachés par les promesses, il devenait l'homme-lige des trois ou quatre fractions de l'Assemblée, était nommé comme un ministre, avait autant de prestige et d'autorité qu'un ministre, et pouvait être renvoyé comme un ministre.

Il n'a pas voulu, et je crois qu'il a bien fait de ne pas vouloir. Un roi de France ne pouvait pas accepter cette position, soit pour lui, soit pour le grand pays qu'il était appelé à gouverner.

*
* *

Et le drapeau? C'est la question qui a le plus passionné l'opinion; et, n'en déplaise aux sceptiques, je le comprends. Si la religion du drapeau n'existait plus, l'armée serait en dissolution, et la France serait morte sans espoir de résurrection.

Je ne dirai pas même avec les philosophes : « Que signifie la couleur de cet emblème? N'est-ce pas une affaire de convention? Que la hampe soit haute ou basse, qu'elle soit surmontée d'une pique, d'un coq, d'un aigle, d'un lys, le soldat verra toujours en lui le symbole de la patrie, et le saluera avant de mourir! » Non; il y a là-dessous un de ces secrets profonds et mystérieux de l'âme humaine, comme un sentiment intime d'honneur et de foi, qui échappe à la discussion et devant lequel il faut s'incliner.

Vous souvenez-vous de l'émotion générale produite par la nouvelle que M. le comte de Chambord avait abandonné son drapeau blanc? Quelle tristesse chez les uns, quelle joie insultante chez les autres, quel étonnement chez tous! On sentait qu'il y avait là une défaillance. Je comprends aussi que l'armée, car elle seule a le droit de prendre la parole dans ce débat, tienne à l'étendard tricolore, malgré les crimes qui ont ensanglanté sa naissance, malgré ses malheurs, peut-être même à cause de ses malheurs. J'admets qu'elle hésite à quitter ce drapeau, si fier jadis, si humilié aujourd'hui, même pour le drapeau sans tache de la vieille France. Il y a là un point d'honneur à vider à l'amiable, entre deux partis qui s'estiment également. Mais ne laissons pas des calculs intéressés, ou des préventions aveugles, faire l'obscurité sur une situation au fond bien franche et bien nette.

M. le comte de Chambord, chassé avec son drapeau qui flottait alors sur Alger conquis, veut revenir avec son drapeau : Quel est le soldat, quel est l'homme de cœur qui pourrait lui en faire un crime? Insulte-t-il pour autant le drapeau qui n'est pas le sien? Veut-il, de sa propre autorité, le changer? Qui l'a dit? Où trouvez-vous, dans ses manifestes, une trace de ces insultes, un indice de cette proscription future? Il salue, au contraire, ce drapeau teint du sang de nos soldats; et, pour l'avenir, il se réserve de proposer aux représentants du pays une solution compatible avec son honneur, et qu'il croit de nature à satisfaire l'Assemblée et la Nation.

Tel est le fait : si la susceptibilité légitime du roi doit être ménagée, est-ce que celle du pays ne l'est pas moins? Rien ne se fera sans l'accord des deux parties; voilà la vraie question; le reste est puéril.

*
* *

Parmi les récriminations que l'on fait à cette cause (et Dieu sait si amis et ennemis s'en font faute, je n'entends que cela), il en est une qu'il est bon de noter : on lui reproche sérieusement de ne

4

pas être pressé de monter sur le trône. Cette modération extraordinaire est vue de très mauvais œil, et quelques hommes d'État de son parti en sont particulièrement exaspérés.

C'est très naturel ; mais, pour moi, je l'avoue, cette indifférence me plait et me parait de bon augure. J'aime aussi le peu de souci qu'il témoigne des vœux et des exigences de son parti. Il voulait être l'homme de tous, ne se réservant, en fait de dictature, que celle de la clémence. Il refusait d'être le roi d'un parti : il n'en a plus. Les hommes d'État, les grands seigneurs, les politiques, l'ont abandonné ; et, quand il montera sur le trône, il n'aura pas de services à payer, pas de partisans à récompenser : il devra tout à Dieu et au peuple de France.

DERNIÈRE OBJECTION

Il reste un seul obstacle à la restauration de la monarchie ; mais cet obstacle parait aujourd'hui insurmontable. Le comte de Chambord n'est pas possible, a dit l'un ; il n'est pas possible, a dit l'autre ; il n'est pas possible, a répété le chœur unanime de la foule.

Pourquoi ? Parce que vous le dites, parce que ses ennemis l'ont affirmé par calcul, parce que ses amis l'ont ajouté par faiblesse, parce que le grand nombre l'a cru par simplicité ?

O mes chers compatriotes, aimables moutons de Panurge, vous êtes bien toujours les mêmes, et vous ne vous démentez pas. Ce que je viens d'écrire, je ne l'ai pas trouvé à moi tout seul : je n'ai été que l'écho affaibli de vos réflexions les plus intimes, de vos sentiments les plus cachés. Vous avez tous pensé en me lisant : Ce que dit l'auteur est banal ; ce sont des vérités de M. de La Palisse ; j'ai fait cent fois ces réflexions-là. Vous savez que la république est impossible ; vous allez à l'empire par découragement, mais non sans un peu de honte. Si la monarchie était faite sans vous, un immense soupir de contentement allégerait vos poitrines ; mais vous n'osez pas avouer que vous la désirez. Ce n'est pas dans le courant du moment, dites-vous. Eh ! mon Dieu, faites-le ce courant. Que les plus hardis se mettent à la tête. Essayez de dire tout bas, pour vous donner courage : La monarchie est le salut de la France ; dites-le un peu plus haut ensuite ; répétez-le à toute voix à la fin, et la monarchie se fera.

Je ne plaisante pas ici : l'insuccès que rencontre la restauration provient principalement du découragement coupable de ses partisans.

Un homme bien décidé possède une grande force ; une réunion de dix hommes résolus peut changer la face d'un département. Dieu me garde de prêcher ici l'agitation et le trouble ; je sais trop combien, dans les temps où nous sommes, il faut mettre de la modération, même dans les vœux les plus légitimes. J'estime trop les hommes dévoués qui président aux destinées de la France, pour leur

créer des embarras intempestifs. Mais, tôt ou tard,
le provisoire aura une fin, et il est sage de se garer
contre l'imprévu. Je veux ici éclairer l'opinion, je
ne veux pas l'inquiéter. Il existe des préjugés ab-
surdes contre la monarchie légitime : travaillons
à les faire tomber. Je ne demande, à ceux qui
croient, que l'affirmation claire et franche de leur
foi. C'est un apostolat pacifique ; faites-le comme
vous pouvez : par les paroles, par les journaux, par
les brochures, mais faites-le. Le titre de conservateur est ridicule ; soyez simplement royalistes, le
peuple vous estimera mieux et vous comprendra
davantage.

Et vous, femmes de France, qui avez conservé
chez nous les traditions du bon sens national ; vous,
dont les aïeules étaient appelées aux grands conseils
des Gaulois nos pères ; vous, qui êtes toujours du
bon côté, qui êtes presque toutes légitimistes, ne
permettez plus à vos maris et à vos enfants de s'en-
dormir dans une indifférence inerte, ou de se noyer
dans des dissertations aussi niaises que stériles.
Souvenez-vous qu'il s'agit ici du salut de vos familles et de votre pays, et poussez-les en avant. Il
n'y a ni danger à courir, ni complots à fomenter, ni
batailles à livrer : il faut vouloir le roi. Vouloir c'est
pouvoir, et Dieu protége la France !

10326. — Chambéry, imprimerie de F. Puthod, rue du Verney.